UNITÉ

DE

L'ESPÈCE ET DE LA LANGUE

DANS L'HUMANITÉ;

PAR P. LORTET,

DOCTEUR EN MÉDECINE.

———

L'unité dans la variété.

Les caractères les plus positifs et les moins variables qui distinguent les espèces, sont fournis par les organes les plus essentiels à la vie de l'individu et à la conservation de ces mêmes espèces. Les organes de la fructification dans les plantes; le système cérébral avec la boîte osseuse qui le renferme, l'appareil dentaire, le plus extérieur de ceux qui concourent à la nutrition, dans les animaux, fournissent ces caractères.

Quant à l'espèce humaine, où a-t-on cherché des caractères pour distinguer les races et les nombreuses variétés dont elle se compose? On les

1850

a trouvés dans l'appareil cérébral, dans la forme de la tête et dans la couleur de la peau.

Nous pouvons nous élever graduellement et sans transitions trop brusques de l'animal le moins parfait à un animal considéré comme plus parfait. Mais, en arrivant à l'homme, les caractères anatomiques ne suffisent plus pour le classer ; entre lui et l'animal, la distance paraît incommensurable.

En effet, le corps humain n'est pas tout l'homme. L'homme moral et intellectuel échappe au scalpel. Cette partie spirituelle de l'homme le distingue essentiellement de tous les animaux ; elle est caractéristique dans toutes les variétés de l'espèce humaine, et doit nous fournir, dans les produits de son action à l'extérieur, quelques moyens de distinguer ces mêmes variétés, résultat du grouppement ou de l'isolement des familles primitives.

En étudiant l'homme immatériel et les produits de l'intelligence, nous reconnaissons bientôt que le langage soit parlé, soit écrit, est dans le monde extérieur la reproduction la moins matérielle de la pensée, elle en est aussi la représentation la plus exacte. Les variétés que présentent les différentes manières de matérialiser la pensée sont-elles des caractères distinctifs des variétés qui se remarquent dans l'espèce humaine?

C'est sous ce point de vue que nous essayerons plus tard une classification des langues. Commençons d'abord par quelques considérations générales sur le langage.

Si nous voulons comparer l'homme aux animaux, nous devons d'abord nous empresser de rejetter les expressions par lesquelles on cherche à désigner sa supériorité relative : en le plaçant *à l'extrémité de la chaîne, au plus haut degré de l'échelle, au dernier terme de la série, au sommet de la pyramide.* Toutes ces locutions manquent d'exactitude, car l'homme ne donne la main ni au singe, ni au perroquet, ni au phoque, ni à aucune *bête muette (Lactance)*, il ne la donne qu'à son égal. L'humanité est tout à la fois espèce, genre, ordre, classe, famille, et même un règne à part, caractérisé par la raison et la liberté. Pour exprimer ce règne, les langues n'ont que le nom de l'être lui-même: *homo, humanitas ; homme, humanité ; Mensch, menschheit* (1).

---

(1) Les Arabes placent le *genre humain* comme un intermédiaire entre le *genre animal* et le *genre des esprits.*

On pourrait peut-être, par la série suivante, représenter symboliquement la position de l'homme relativement aux animaux :

$$0 + A,\ 1 + \overset{2}{A},\ 2 + \overset{3}{A},\ 3 + \overset{4}{A},\ 4 + \overset{5}{A},\ \ldots\ldots\ldots X + \overset{n}{A}.$$

Le chiffre désigne l'organe, la lettre désigne la fonction, la manifestation de la vie toujours plus développée à mesure qu'on l'étudie chez des animaux plus parfaits. Pour l'homme, on aurait $X + \overset{n}{A}$, l'inconnu pour

Nous ne devons donc pas seulement étudier l'homme marchant, digérant, sentant, criant, mais aussi l'homme pensant, réfléchissant, parlant, l'homme complet enfin. Alors nous n'avons plus à étudier un anneau de la grande chaîne du règne animal, mais un être à part; car comme le dit Buffon : *Le plus stupide des hommes suffit pour conduire le plus spirituel des animaux.*

D'un autre côté, on peut dire que, sous le rapport de l'instinct, l'homme est bien inférieur à l'animal. Il ne possède pas comme lui cette habileté qui caractérise certaines espèces.

Chaque animal est renfermé dans son cercle d'activité. Plus son sens est parfait, plus son travail est merveilleux, moins le produit de ce travail est varié. L'abeille n'est parfaite que dans la ruche qui réunit les trois insectes incomplets. Elle ne fait que des alvéoles hexagones et ne sait les faire qu'avec de la cire; la poix, la colle, l'argile ne pourraient convenir à son travail. L'araignée ne connaît que son filet; celle qui sait s'abriter sous l'angle d'un toit ne saurait enrouler une feuille. L'homme n'a point une sphère aussi resserrée, il n'est pas astreint à un seul travail. Il a des sens

certains organes dont plusieurs ne peuvent être étudiés, mais seulement supposés d'après la fonction ; l'inconnu pour le degré et la variété croissante de son animation.

pour tout. Les puissances de son âme planent sur le monde. Le monde est sa sphère. Il n'est pas doué d'une habileté spéciale; ses sens et son instinct ne sont pas même en rapport avec la difficulté de pourvoir à ses besoins. Eh! bien, cette défectuosité est ce qui l'élève au-dessus de l'animal et l'en sépare complètement. Les nombreux travaux qu'il exécute peuvent tous être perfectionnés. Chez lui la pensée n'est pas une opération limitée et déterminée par la nature, elle est son propre ouvrage.

Privé d'instinct, il devient lui-même le but de son travail. L'instinct asservit l'animal à la nature, la raison en affranchit l'homme; s'il était doué des sens et de l'instinct de l'animal, il n'aurait ni la raison ni la liberté. Le travail de l'animal est toujours parfait pour le but proposé par la nature, mais le travail de l'homme peut toujours être perfectionné. «Il paraît naturel à la raison humaine de parvenir graduellement de l'imparfait au parfait *(St-Thomas)*. »

L'homme qui a d'abord construit une cabane de feuillage, fait ensuite un arc. Combien ne faut-il pas avoir déjà fait de réflexions et d'observations pour courber un arc, y attacher une corde, y ajuster une flèche? Eh! bien, l'arc et la flèche sont partout. Cet homme sans instinct, ayant d'abord entrelacé les branches de sa cabane, construira plus tard des monuments inutiles à l'entretien de sa vie, des pyramides, des temples ereusés dans le flanc des montagnes, il modèlera le Parthénon, et s'élancera vers le ciel avec la flèche des églises chrétiennes. Quel travail immense et progressif pour transformer l'arc en un fusil !

Les animaux domestiques, si profondément modifiés par l'homme, ont fourni à plusieurs philosophes des arguments pour attribuer à l'animal la faculté d'observer et de réfléchir. Ils lui ont encore accordé la charité qu'ils refusaient à leurs semblables. Ces animaux, même les plus remarquables par leur intelligence et les résultats merveilleux de la dressure, n'ont jamais généralisé leurs expériences, ils ne les ont jamais transmises à leurs descendants, afin de perfectionner leur travail et leur espèce. Chez les oiseaux, le nid de la dixième nichée est semblable à celui de la première. Aujourd'hui le chien n'est pas plus intelligent qu'au temps d'Ulysse; le renard n'est pas plus rusé qu'au temps d'Esope. Cependant combien de chasseurs leur ont donné de bonnes leçons depuis cette époque. Un singe débrouille avec plaisir les nœuds d'une corde, et ne peut apprendre à en faire un seul. Il ne peut en comprendre le but. Il imite certain mouvement de l'homme, mais sans savoir pourquoi. Si le singe pensait : *je veux le faire pour mon avantage, pour me perfectionner, pour l'enseigner à mes petits*, il ne serait plus un singe. On pourrait avec autant de raison dire que le lapin gratte la terre, parce qu'il a vu que l'homme la pioche, afin de semer des pois et de planter des choux.

L'enfant est bien, de tous les petits des animaux, le plus faible et le plus exposé à tous les dangers ; il ne pourrait vivre s'il n'avait le sein de sa mère pour se reposer, et le bras de son père pour le défendre. La persistance de la famille est pour lui une nécessité, et si l'on veut absolument reconnaître un instinct chez l'homme, c'est celui de la famille, premier rudiment de la société et de tous les gouvernements.

Un caractère particulier à l'esprit de l'homme est de rattacher toujours le présent au passé et à l'avenir. Il en résulte une marche progressive dans la vie de l'homme ; il y a progression dans la vie de la famille, dans la vie de la nation, dans la vie de l'humanité. Il y a aussi progression dans le langage. L'homme, dans la vigueur de l'âge, l'homme qui invente, qui fait des progrès, est toujours placé entre l'expérience de la vieillesse et l'ignorance de l'enfance. L'enfant reçoit toujours un double enseignement, et par les objets qui l'entourent, et par le langage. Quelle différence entre cet état et celui de l'animal sans famille, sans passé et sans avenir !

L'homme nu, brûlé par le soleil, flagellé par la grêle, exposé à mille dangers, dépourvu de cet instinct spécial et déterminé qui dirige chaque animal dans sa sphère d'action, est donc le plus misérable des êtres ? Non, le créateur lui a donné plus qu'un vêtement, plus qu'une tanière, plus que des griffes meurtrières ; il lui a donné la faculté de penser, de réfléchir, d'inventer, de perfectionner ; il lui a donné la raison. Il ne l'a réellement doué d'aucun bien matériel, mais seulement de la possibilité de les acquérir par son intelligence et son activité.

Chaque espèce d'animal est douée d'un instinct, de cet instinct et non d'un autre ; instinct invariable et imperfectible, le même sous tous les climats et dans toutes les générations.

L'espèce humaine seule est douée de la raison. La raison n'étant point une faculté isolée, mais une direction applicable à toutes les forces, l'homme doit la posséder dès le premier instant de son existence. Dès ce moment elle est active, car une *force inactive* serait un non sens. Il ne faut pas croire cependant que l'enfant pense comme après trente années d'expériences. Il raisonne souvent comme un sophiste, comme un fou qui s'appuie sur des faits mal observés (1).

Cette activité de la raison est déjà une langue intérieure. Sous ce rapport, on peut dire que, sans langue, l'homme ne pense pas, car *penser, c'est parler bas, comme parler, c'est penser haut* (BONALD). Mais dire que, sans langage extérieur, il ne pense pas, c'est dire que la raison et son activité ont une origine extérieure. La langue intérieure n'implique pas des mots, elle est seulement l'activité de la raison. Aussitôt que l'homme observe et compare deux objets, la langue intérieure commence avec l'activité de sa raison. C'est sous ce rapport qu'il y a progrès de la langue par la raison, et progrès de la raison par la langue.

Pourquoi cette langue intérieure a-t-elle revêtu des mots et non des signes ? Pourquoi chaque animal exprime-t-il par des cris le plaisir ou la douleur ? Pourquoi les oiseaux chantent-ils au printemps ? Mais parce que c'est une loi de l'organisation animale. La voix est la condition essentielle du langage. Elle est modulée à l'extrémité supérieure des organes de la respiration, là où les muscles de ce système sont le plus complètement soumis à l'empire de la volonté. Elle est produite et

(1) *Herder* : Ueber den ursprung der Sprache.

modifiée par les mouvements de la langue, du voile du palais et des lèvres. Deux conditions sont encore nécessaires : l'air, pour que la langue parlée arrive au sens de l'ouie ; la lumière, pour que la langue écrite arrive au sens de la vue.

De cette modification de la voix, articulée à l'infini, résultent deux espèces de langage.

Le premier est le langage des cris, des soupirs, des plaintes, de la joie, des sensations. Il est commun à l'animal et à l'homme, car ils ont des corps semblables ; l'un et l'autre poussent des cris de douleur, de plaisir, de besoin. Sans être étudié, ce langage est compris par les peuples de tous les siècles et de tous les continents ; tous comprennent la plainte et le rire. Il n'est pas exprimé par des mots, mais par des tons. Sous ce rapport, la musique se rapproche du langage du sentiment et non de la langue pensée ; aussi est-elle sentie par les hommes de tous les pays, et même par les animaux. La musique est ce langage perfectionné, une peinture des sensations.

Mais, une fois fixés sur le papier, que sont tous ces tons si simples ? rien que des lettres mortes et presque inintelligibles. Que signifient : ah! oh! ô, aï, fi, pfui, etc.? La douleur ou la joie, l'étonnement, la colère ou le dégoût. Pour être bien compris, ces tons doivent être vivants, énergiquement

articulés, peints sur les traits par la mimique humaine, par le rire ou par les larmes. Et les larmes
elles-mêmes, que sont-elles ? Rien que des gouttes
fluides, si on ne voit pas l'expression des yeux d'où
elles coulent, les contractions des joues sur lesquelles elles ruissèlent. Pourquoi ces explosions in-
volontaires de la sensibilité sont-elles ainsi chez
tous les peuples et non autrement ?

Ces tons, dont le nombre est limité, se rencon-
trent plus fréquemment dans les anciennes langues (sans y fournir cependant des racines), dans
les poésies des peuples à demi-sauvages, dans ces
chansons populaires dont le refrain n'a aucun sens.
Aussi, chez ces hommes rapprochés de la nature,
l'accentuation est, dans la langue parlée, plus importante que les lettres. Ce sont aussi des tons, des
cris du sentiment, qui remuent les masses plutôt
que des raisonnements. Même l'homme le plus ci-
vilisé, emporté par les passions, crie, hurle et san-
glotte cette langue qui lui est commune avec l'a-
nimal. Quelques philosophes, tels que Condillac,
Rousseau, Maupertuis, ont cherché dans ces tons,
dans ces cris des sensations, l'origine de la langue
humaine; mais ils ne pouvaient y parvenir sans faire
de l'animal un homme, ou de l'homme un animal.

La seconde espèce de langage est la pensée re-
vêtue de la parole, elle est l'apanage de l'homme

seul. Lorsqu'on veut prouver que la parole est indispensable à la pensée, on cite des sauvages isolés, sans langage, et presque dépourvus d'intelligence. Si, par hasard, on trouvait un sauvage complètement isolé, on ne pourrait rien en conclure, car l'homme isolé est un être imparfait, et il ne faut jamais prendre l'exception pour la règle. Il serait aussi imparfait qu'une abeille sans ruche, ou un castor solitaire. L'homme est doué de la faculté de penser et de parler, mais cette faculté ne peut se développer que chez l'homme parfait, en famille et en société. Chaque langue est fille de la société. L'homme isolé oublie même sa langue s'il ne se parle à lui-même (1).

(1) Je cite souvent l'abeille, parce qu'on a exalté outre-mesure son intelligence. On a considéré les ruches comme des modèles de républiques ou de monarchies. Rien n'est plus ridicule.

Chez les abeilles, les guêpes et les fourmis, le couvain est soigné par des individus incomplets, que l'on pourrait considérer comme un organe isolé. Chez les abeilles, on distingue très-bien les nourrices et les travailleuses à la cire. Le sexe mâle est exclu de ces soins. Les nourrices peuvent être considérées comme des femelles, mais elles n'ont pas d'ovaires; leur utérus rudimentaire est transformé en un dard aigu. La nourrice ne peut procréer; par son instinct, elle concourt seulement à la conservation de l'espèce. Une ruche de 25,000 nourrices et travailleuses a 12 à 1,500 mâles et une seule femelle parfaite.

Ces deux espèces de langage peuvent revêtir trois formes différentes pour transmettre ce que nous sentons ou ce que nous pensons.

1° *Les cris et la parole*. Il est remarquable que l'ouïe, qui est le sens par lequel nous percevons essentiellement la langue, est précisément celui qui nous fait reconnaître dans les corps, *le son*, la propriété qui est, on peut le dire, la moins matérielle. (*Schmitthenner*.)

2° *L'écriture*, combinaison de signes perçus par la vue. L'usage pres-

La parole, la langue est tellement un produit de la pensée, que l'idiotisme conduit bien au mutisme, mais le mutisme ne conduit pas à l'idiotisme. Au contraire, les sourds-muets font des efforts prodigieux pour communiquer leurs pensées, pour briser cette barrière qui les isole de leurs semblables. Même l'homme privé de tous ses sens chercherait encore à revêtir sa pensée d'une forme matérielle. Voyez Laura Bridgmann, élevée par M. Howe, à Boston, dans l'institut des aveugles. Elle est aveugle, sourde, muette, privée de l'odorat et presque du goût ; sa main seule est comme une tentacule, avec laquelle son âme cherche le monde. L'âme brise sa prison, elle apprend à lire ; elle reconnaît qu'elle a une clef pour communiquer avec ses semblables. Elle compose des mots, elle connait bientôt les signes des doigts. Seule elle s'amuse par des monologues. Elle a soif d'apprendre et méprise ses compagnes peu intelligentes. Pendant ses songes

que simultané de la langue parlée et de la langue écrite tend à réunir ces deux sens, à les confondre. Lorsque je lis, j'entends, et lorsque j'écoute, je lis.

3° *Les signes, les gestes et la mimique.* Les signes suppléent à la parole lorsqu'on est privé de son usage. Les gestes et la mimique complettent ce qui manque au langage pour exprimer clairement la pensée. Un peuple gesticule d'autant plus qu'il est plus inculte et que sa langue est moins développée. Un homme qui se sert d'une langue étrangère a recours aux gestes pour se faire comprendre. Quoique pauvre en lui-même, le langage des gestes vient en aide à la langue parlée ; mais la langue parlée est seule la langue de la pensée.

elle parle avec les doigts. Des notions morales illuminent son âme. Son affection pour son maître a un caractère à part, que ne peuvent exprimer les mots amitié, amour, ni même adoration. L'institut des sourds-muets de Lausanne, dirigé par M. Hirzel, renferme dans ce moment un jeune homme qui est dans la même position, et dont l'instruction donne lieu à des observations très-intéressantes (*Bibliothèque univevselle de Genève*, 1847, n° 23).

La langue, quelques soient sa forme, les articulations et les signes dont elle se compose, est le produit de la pensée; dès que celle-ci a revêtu un corps, là liaison avec le mot est intime. Cette union dure autant que son corps, autant que le mot, Ce corps tombe en poussière; un mot vieilli disparait même sans laisser de traces, mais la pensée ne vieillit pas, ne périt pas. Si un peuple meurt avec sa langue, la pensée, toujours immortelle, subira une nouvelle incarnation chez un peuple nouveau et dans une langue nouvelle. L'immortalité de la pensée est complète, intégrale comme celle de l'âme. Celle du mot n'est que partielle et relative, comme celle du corps; ses éléments, les lettres et les syllabes se combinent dans des mots nouveaux; de même les éléments constitutifs du corps, une fois sous l'empire des lois chimiques, entrent dans les nouvelles combinaisons de la matière.

La pensée imprime à la langue un caractère tout particulier , et à son tour la langue imprime une certaine direction aux pensées. Dans l'homme, le matériel et l'immatériel réagissent toujours l'un sur l'autre (1). La langue est la propriété de l'homme seul, d'un être qui appartient aux deux mondes. Un être purement spirituel n'aurait pas besoin de langue, un être tout matériel en serait incapable. L'homme créé pour être le médiateur entre deux mondes, matérialise ce qui est spirituel, et spiritualise ce qui est matériel. L'intimité de ces rapports a fait conclure : *que l'usage de la langue est indispensable à l'usage de la raison.*

Ceux qui l'ont dit avaient des paroles dans les oreilles, et croyaient avoir des idées dans l'esprit (Bentham). Ils ont voulu effacer les idées *de raison, de justice, de liberté,* en même temps que les mots qui les expriment, mais ils ont oublié que les mots appris et répétés par un perroquet, ne le feront jamais penser.

Cette intimité cependant est telle, que notre âme sent confusément les idées non revêtues d'une for-

____

(1) Le mot ne transmet pas immédiatement l'idée qui est dans mon esprit. Rien ne peut pénétrer de l'extérieur jusques dans l'esprit. Si je veux qu'un autre pense une idée que j'ai dans le moment (qu'il l'appelle devant sa conscience), je dois lui donner un signe matériel qui l'excite à produire en lui cette perception , cette idée. Nous donnons ce signe par la langue , c'est un mot. *(Schmitthenner) Ursprachlehre.*

me, elle ne les voit pas nettement. Il faut qu'elles soient *imagées*, qu'elles ayent un corps. Parler et imager sont une et même chose. Il faut que l'imagination donne une physionomie à la pensée. Il résulte de cette intimité entre le matériel et le spirituel, que le langage est, à l'égal des formes du corps, un caractère essentiel pour reconnaître l'homme. Envoyez un matelot à la découverte dans une île présumée déserte. A son retour, il vous dira : je n'ai pas vu des hommes, ni les traces de leurs pas, mais j'en ai *entendu*. A la langue qu'ils parlaient entr'eux, quoique inintelligible pour lui, il a *reconnu* des hommes.

Ce ne sont pas les cris de l'homme, ce n'est pas la force et l'étendue de sa voix, que redoute l'animal, mais bien sa langue, cette parole puissante et impérative qui le fait fuir ou le contraint à l'obéissance. A ce signe, il reconnaît un être supérieur. Dieu l'a doué de la parole, et Dieu pouvait lui dire : *Domine sur toute bête qui se meut sur la terre.*

Oui, il l'a doué de la faculté de parler, mais non d'une langue toute faite et *révélée*.

« Admettre que la parole ait été enseignée à l'homme par des notions grammaticales sur les diverses parties du discours ! Dieu aurait été un pédagogue et l'homme un marmot !...

« La faculté de pénétrer l'essence des êtres et des

choses pour imposer des noms, l'insufflation divine
pour imprimer le mouvement à la sensation et à la
pensée, c'est dans tout cela que j'avais cherché les
éléments de la parole ; c'est cet ensemble que j'a-
vais signalé comme étant la révélation du langage (Ballanche, *Institutions sociales p.* 366).

Telle était l'opinion, telles sont les expressions
de l'un de nos compatriotes, de Ballanche, l'une
des illustrations de cette académie. Sur cette question, il était d'accord avec saint Grégoire de
Nysse (1).

(1) Il dit : « L'opinion d'une langue primitive, créée avec l'homme,
est le résultat de la vanité ridicule du peuple juif. Dieu n'a pas daigné
se réduire à l'office d'un maître de grammaire pour enseigner le nom ,
l'adjectif et le verbe, la syntaxe et l'alphabet. Dieu n'a pas fait les noms
mais les choses ; à l'homme, par une grâce de sa bonté, a été donné la
faculté d'imposer des noms expressifs et vrais aux objets créés. Cette
fonction était inhérente à la nature raisonnable de l'espèce qui a in-
venté toutes les langues ; ce n'était pas celle du Seigneur, qui a créé
le ciel, la terre et tous les animaux sans leur donner des noms hu-
mains, mais en permettant à l'homme de nommer toute chose à sa
manière. »   (*Contra Eunom. orat. XII.*)

Parmi les partisans de la révélation, les uns ont recherché toutes les
origines dans l'hébreu ; car Dieu, Adam, Eve et le serpent auraient
parlé cette langue. A l'époque du déluge, cette langue se serait appau-
vrie jusqu'à n'être qu'une simple langue de famille. L'Epoque de la tour
de Babel n'est pas la moins importante pour la formation des langues. Les
recherches rétrospectives devraient s'arrêter là. Les autres les ont re-
cherchées dans d'autres langues. Don Pezron , dans l'*Introduction au
Dictionnaire de la langue bretonne* , par Rostrenen, dit :

« Japhet, troisième fils de Noé, et ses quatorze générations, apportent
« quatorze langues en Europe ; de ce nombre est la langue celtique, con-
« servée chez les Cimbres, dans la Bretagne. Cette langue a été donnée
« de Dieu à Japhet et non composée par les hommes. Jugez de là quel

Oui, dans dans la langue tout est le produit de l'âme humaine. Si l'homme n'était pas l'auteur de la langue, qu'on dise donc, en quel point du développement de cette langue, il a commencé à inventer, à l'étendre. Il n'y a pas dans le commencement de la langue plus de difficultés à vaincre que dans son application à des idées plus délicates et plus nuancées. Non, Dieu n'a enseigné à l'homme ni à construire une maison ni à faire un arc ou une machine à vapeur, ni à parler. Il l'a doué de la raison, de la faculté de penser, de comparer, d'inventer, de perfectionner. Si l'art de parler, si la langue était innée avec l'homme, comme l'art de construire une alvéole, est inné avec l'abeille, chaque individu mourrait avec sa langue bornée et stationnaire, tout comme l'abeille qui jamais n'a perfectionné son alvéole. La langue ne serait plus alors le grand dépôt, le trésor des pensées humaines, trésor où chacun vient puiser et où chacun apporte pour les générations futures.

On a dit encore que la langue était le résultat d'une convention. Une semblable proposition me paraît absurde. Comment faire une convention

« état on doit faire des discours peu sensés de quelques personnes, di-
« sons mieux, de certains malins ou ignorants ; qui appellent la langue
« bretonne un *jargon*; parce qu'ils ne l'entendent point, ou qu'ils n'en
« connaissent pas le mérite. »
Que sont donc devenues les treize autres langues données à Japhet ?

si on ne possède déjà une langue pour la discuter? (1) La langue est l'œuvre de l'homme, mais non de la volonté humaine. Elle résulte de son essence aussi nécessairement que l'activité de sa raison. Ce n'est pas la langue, mais bien ses variétés qui résultent de la vie en société, ainsi que toutes les œuvres humaines.

On a voulu sur cette convention appuyer l'unité de la langue, comme si la première famille humaine avait été douée de la faculté de parler (2). On a fait des efforts inouis, mais en vain, pour retrouver les traces d'une langue mère de toutes les autres. Rechercher l'origine première des mots est

(1) Comment à-t-on pu méconnaître ici le doigt du Tout-puissant? Comment a-t-on pu se persuader que les paroles n'avaient aucune énergie par elles-même? qu'elles n'avaient aucune valeur qui ne fût de convention, et qui pût être toujours différente? que le nom de l'agneau pourrait être celui du loup, et le nom de vice celui de la vertu? que l'homme fut muet et réduit à de simples cris pendant une longue suite de siècles? que ce ne fut qu'après une multitude d'essais infructueux et pénibles qu'il pût balbutier quelques mots, et plus longtemps après qu'il aperçût que ces mots pouvaient se lier entr'eux, former des phrases, composer des discours, devenir la source de l'éloquence et de la poésie, par l'invention de tout ce qui constitue l'ordonnance admirable des tableaux de la parole.

Court de Gabelin, *Monde primitif, origine du langage*, page 66.

(2) Proinde putare aliquem tum nomina distribuisse
    Rebus, et indè homines didicisse vocabula prima,
    Desipere est: nam cur hic posset cuncta notare
    Vocibus, et varios sonitus emittere linguæ,
    Tempore eodem alii facere id non quisse putentur.

Lucret. l. v.

aussi impossible que de retrouver l'origine de
toutes les gouttes d'eau qui coulent dans un fleuve.
On a oublié seulement qu'à l'origine de l'époque
adamique, aussi bien qu'aujourd'hui, sur les rives
du Ganges, aussi bien que sur celles du Rhône,
on trouve l'homme avec les mêmes pensées, la
même voix et les mêmes organes pour l'articuler,
et enfin avec la même faculté de parler. Cette
faculté ne se développe pas de génération en génération, à mesure que les familles se réunissent en
peuplades et en nations. Le produit seulement de
cette faculté, une variété de la langue se développe
pour disparaître entièrement, pour ne laisser que
son squelette dans l'écriture, ou pour se mélanger
avec une autre variété et donner lieu à une pro-
duction nouvelle.

Toutes ces variétés appartiennent si bien à une
seule langue, qu'elles se complètent l'une par
l'autre. Elles se font chaque jour des emprunts
mutuels, car certains ordres d'idées sont mieux
exprimés dans une langue que dans une autre (1).

____

(1) D'un bout de la terre à l'autre, les langues se ressemblent sous
quelques rapports, parce que les hommes sont partout des hommes,
parce que les organes de la vue, de l'ouïe, de la voix sont partout semblables, parce que partout la nature leur présente des objets semblables.

Sous d'autres rapports, toutes les langues sont différentes, parce que,
malgré leurs ressemblances, les hommes et leurs organes présentent des

Chaque espèce d'animal est circonscrite dans un certain territoire, l'homme, l'humanité, habite le globe entier depuis la Guinée jusqu'au Groenland. Sa langue est la langue du globe; mais différente dans chaque zone, dans chaque continent, dans chaque bassin de fleuve, dans chaque province, dans chaque famille. Deux individus ne parlent pas exactement de la même manière. Toutes ces nuances du vêtement de la pensée, s'effacent si on considère l'humanité dans son ensemble. Elle seule, dans toute la création, peut et veut parler.

Relativement à la langue générale (ayant en vue l'ensemble des peuples) qu'est-ce qu'une langue? elle est le style du peuple qui la parle. Nous distinguerons alors le style de la province, le style de la peuplade, le style de la famille, le style de l'individu et si l'on veut autant de langues que de styles.

La langue première est l'idée de la langue. La langue générale n'a de réalité matérielle que dans les langues particulières. De même l'humanité est

différences, parce que la surface de la terre et les objets qui la recouvrent présentent aussi des différences selon les zones.

Arndt Ursprung der europaischen Sprachen.

L'unité de la langue ne serait-elle pas encore démontrée par la possibilité de déchiffrer des alphabets inconnus dans une langue inconnue? Ainsi, on a pu lire les inscriptions en caractères cunéiformes gravées sur les rochers de la Perse, les inscriptions en langue himmiarite conservées sur les rochers de l'Arabie méridionale.

une idée qui n'a de réalité matérielle que dans les individus, les familles, les peuplades et les nations *(Schmitthenner)*.

Si, d'un côté, toutes les études sur l'humanité tendent à démontrer l'unité de l'espèce, proclamée pour la première fois et sans restriction par le christianisme; d'un autre côté, tout tend à nous démontrer l'unité de la faculté de parler dans l'espèce humaine, l'unité de son action et de ses résultats dans la langue humaine. Il n'y a qu'une humanité et il n'y a qu'une langue.

Qu'importe que les mots soient différents? chaque mot est composé de lettres, comme l'organisme est composé d'organes. Dans les organismes les plus variés, on reconnaît les mêmes organes, et dans des mots innombrables, on retrouve les mêmes lettres.

Qu'importent les formes variées pour une même lettre? que telle lettre qui, en Orient, est un quarré soit un cercle en Occident? Comment se fait-il que tant de peuples ayent un alphabet d'origine asiatique? qu'il n'y en ait qu'un sur la terre? Avec ces variétés du même alphabet, tous les peuples sont arrivés à composer des mots en grand nombre, au moyen d'un nombre de signes très-limité. Ils ont abandonné la peinture des choses pour désigner seulement des aspirations et des articulations. Y a-t-il ici transmission d'un peuple à l'autre? Est-ce une conséquence de l'unité de l'espèce, de l'unité de la langue? Toutes ces lettres se combinent de la même manière, soit qu'on écrive de droite à gauche, de gauche à droite ou de haut en bas. Dans toutes les langues, l'impossibilité de représenter exactement par des signes les articulations vivantes, fait toute la difficulté de l'orthographe.

Malgré tant de locutions diverses, on peut dire aussi qu'il n'y a qu'une grammaire. En effet, de tout ce que l'esprit humain envisage dans le monde, il le conçoit comme *devenant* ou comme *étant*. La langue est, pour ainsi dire, l'expérience de ce que l'esprit pense; dès lors on retrouve chez tous les peuples deux espèces de mots: les uns désignent le *devenir*, les autres l'*être*. Les premiers sont les *verbes*, les seconds sont les *noms* (1).

(1) *Wüllner, Ursprung der sprachliche formen* 1831.
Plus les langues sont imparfaites, plus elles diffèrent entr'elles. Au contraire, plus elles sont développées, plus elles se rapprochent. Tels sont aussi les peuples.

C'est surtout par la grammaire que diffèrent les langues de peuples sauvages assez voisins, tels qu'on les rencontre en Amérique. Plus la langue est jeune et grossière, plus elle est informe ; tout y est en désordre. Dans la langue des Hurons tout est conjugué ; les temps ont deux conjugaisons : la première, celle du verbe, et la seconde, lorsqu'il se rapporte à d'autres objets. La 3e personne a les deux genres. L'actif se modifie pour chaque chose soumise à son action ; le verbe *manger* se change pour chaque chose que l'on mange.

Les peuples jeunes veulent tout exprimer à la fois. Ils introduisent le genre dans chaque personne du verbe. Au moyen de préfixes et d'affixes ils soudent ensemble le verbe et l'adverbe, le verbe et le nom.

Nous ne poursuivrons pas ici ces recherches grammaticales, il suffit de les indiquer et de reconnaître les mêmes phénomènes dans toutes les langues.

N'oublions pas encore un autre fait qui tend à démontrer physiologiquement l'unité de la langue. Des langues, même très-différentes, peuvent s'unir, se confondre ; il en résulte des mots composés de racines hétérogènes. Ces mots peuvent se conjuguer, se décliner, donner lieu à d'autres dérivés. Ces deux langues ont *procréé* une langue métis. Il n'en est pas de même entre la langue humaine et le langage restreint des animaux ; aucune combinaison ne peut ici donner lieu à une langue nouvelle.

Pour le moment, nous n'aborderons pas la question de la subdivision de la langue en plusieurs variétés, qui, dans d'autres lieux et en d'autres siècles, tendent à l'unité. Ces études se rattachent aux recherches sur le classement, les mouvements et les mélanges des races humaines.

Qu'il nous suffise, en terminant, de nous appuyer sur l'opinion du savant Humboldt :

« Dans les langues, le mécanisme des flexions, » les formes grammaticales, la possibilité des in- » versions, tout dérive de notre intérieur, de notre » organisation nationale et individuelle. »

Lyon.—Imprimerie de L. BOITEL, quai St-Antoine, 36.

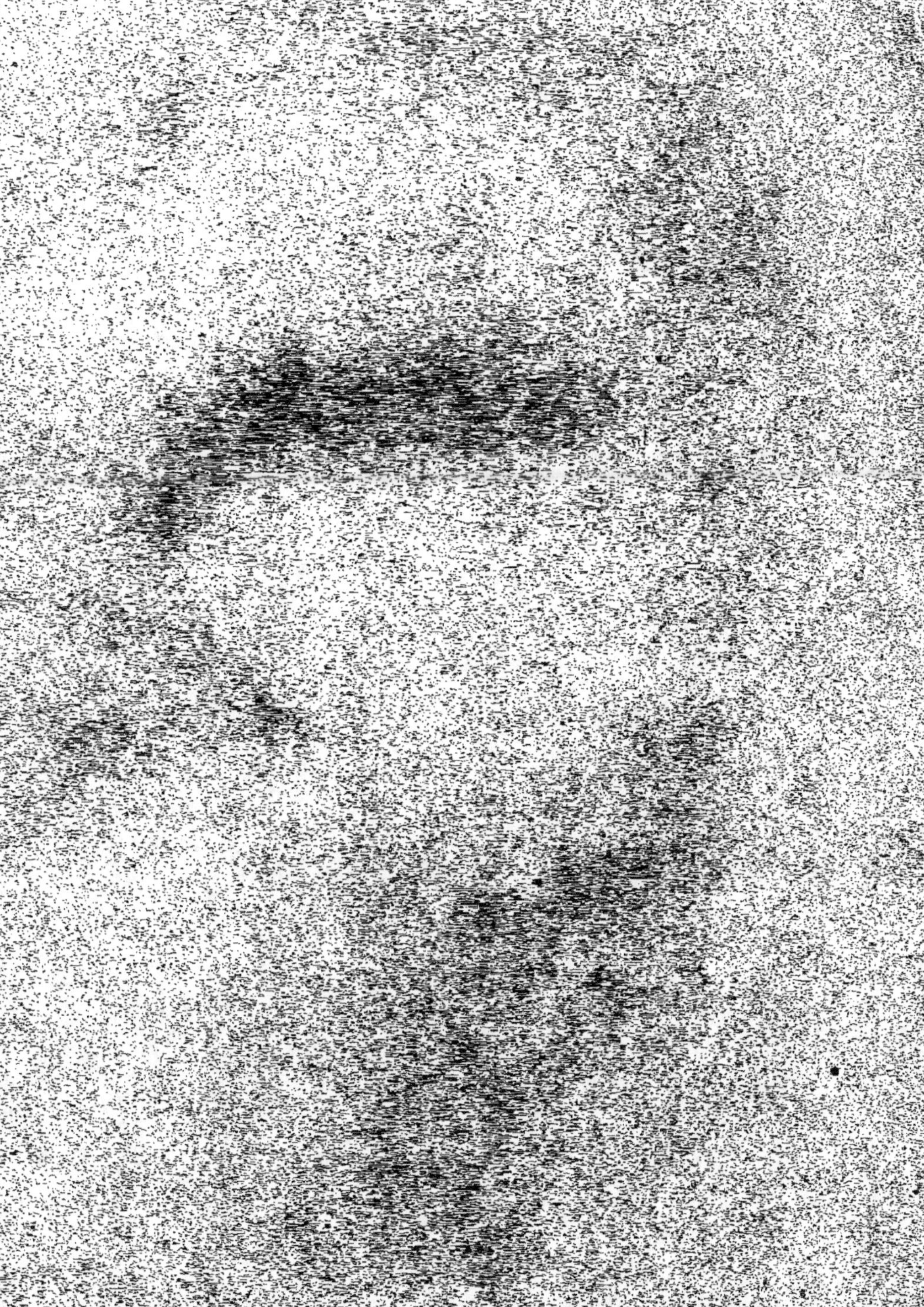